16 ESTUDOS
Escritos e Gravados
PARA PIANO

Acompanha
CD grátis!

Ian Guest

LUMIAR EDITORA

Editado por
Almir Chediak

Copyright © 2000 by Ian Guest

Todos os direitos reservados

Editor responsável:
Almir Chediak

Capa:
Bruno Liberati e Egeu Laus

Projeto gráfico, composição e diagramação:
Júlio César P. de Oliveira

Copydesk e revisão:
Nerval M. Gonçalves

Coordenação de produção:
Anna Paula Lemos

Foto:
Rodrigo Lopes

O CD foi gravado e mixado no estúdio Fibra
Piano: Itamar Assiére
Engenheiro de som: Marcos Vicente

Direitos desta edição para o Brasil:
Lumiar Editora
Rua Barão do Bananal, 243
21380-330 — Rio de Janeiro, RJ
Tel: (21) 2597-2323 / 2596-7104
Fax: (21) 3899-3165
www.lumiar.com.br
lumiarvendas@uol.com.br
lumiarbr@uol.com.br

ISBN 85-85426-56-X

Ao pianista George Geszti, meu pai.

...e, pensando bem...

    A música, para o público, é um estático objeto de arte, produto final vestido e acabado, pronto para entrar em cena. Ela ocorrerá na dimensão do tempo e sua qualidade não escapará da avaliação pelos ouvintes.

    Para o músico, entretanto, a música é caminho traçado, enigma inevitável que o atrai e arrasta para uma aventura imprevisível, pelos labirintos de um corpo dotado de anatomia e fisiologia próprias. Sua dimensão é o complexo tempo–espaço crivado de surpresas, tropeços e tombos, impulsos mal calculados, voltas e becos. (Em compensação, o músico antecipa a alegria de tropeçar, feito garimpeiro, em achados e descobertas inesperados e tão desesperadamente esperados.) O critério da qualidade não existe, somente a irresponsabilidade de começar, a coragem de continuar e a insistência de terminar. Para o músico, só há vencer ou perder.

    Pense em quanta conversa você jogou fora até aprender a se expressar. Com a língua da música será diferente? Não terá que jogar notas fora, e muitas, até formar a sua linguagem?

    Fique, portanto, com a partitura fechada durante 30 minutos em cada hora dedicada ao piano.

ÍNDICE

O AUTOR 4

O PIANISTA 4

ESTUDOS, OU PEÇAS DE INTERPRETAÇÃO? 5

PARECER DO INTÉRPRETE 6

ESTUDO Nº 1 – *Blues nordestino* 7

ESTUDO Nº 2 – *É bom chegar a Mariana* 10

ESTUDO Nº 3 – *Hungria-Minas* 14

ESTUDO Nº 4 – *A comédia do coração* 16

ESTUDO Nº 5 – *No rastro dos ruídos remotos das rodas da infância* 20

ESTUDO Nº 6 – *Ibitipoca* 25

ESTUDO Nº 7 – *Lavrando uma cantiga algo sinuosa* 28

ESTUDO Nº 8 – *Lago Puelo* 30

ESTUDO Nº 9 – *O gélido silêncio das águas negras, pedras-cristal, céu-anil* 32

ESTUDO Nº 10 – *Orriveorriveorrível* 34

ESTUDO Nº 11 – *Taquaril* 38

ESTUDO Nº 12 – *As ladeiras de Ouro Preto* 41

ESTUDO Nº 13 – *Era só o que faltava* 44

ESTUDO Nº 14 – *Tchuá-uí* 48

ESTUDO Nº 15 – *Chapada de Mato Grosso* 52

ESTUDO Nº 16 – *Caraça* 55

AGRADECIMENTOS 58

O AUTOR

Ian Guest

    Húngaro, radicado no Brasil desde 1957
    Bacharel em Composição pela UFRJ e Berklee College of Music, Boston

Área de produção:

    Compositor, diretor e arranjador em discos, teatro, cinema e publicidade

Área de educação:

    Fundador do CIGAM (Centro Ian Guest de Aperfeiçoamento Musical) no Rio de Janeiro
    Precursor da didática aplicada à música popular e introdutor do Método Kodály de musicalização no Brasil
    Professor convidado em cursos intensivos e festivais
    Revisor de edições musicais

O PIANISTA

Itamar Assiére

    Nascido no Rio de Janeiro em 1970.

    Trabalhos mais recentes:

Como arranjador:

    Songbook Chico Buarque: *A Rosa* e *Ela desafinou*, para Johnny Alf
    Songbook João Donato: *Gaiolas abertas*, para Leila Pinheiro
    Songbook Marcos Valle: *Gente*, para Johnny Alf
    Toque de Prima, Fátima Guedes

Como acompanhador:

    Atualmente com Nana Caymmi e Marcos Pereira.
    Trabalhou, ainda, com Luizão Maia, Gonzaguinha, Emílio Santiago, Martinho da Vila, Leila Pinheiro, Sadao Watanabe, Arturo Sandoval, entre outros

Trabalhos diversos:

    Teatro: *Começaria tudo outra vez*; Novela: *Força de um desejo*; Trilhas diversas para comerciais.

ESTUDOS, OU PEÇAS DE INTERPRETAÇÃO?

Ambos.
A edição gráfica revela a música através da leitura. O CD anexo diminuirá o sabor dessa aventura, mas sugere a reflexão sobre ouvir e ler, transformando-a em "estudos".
Há pianistas que chegam à música através do ouvido. Outros pela leitura. Para estes, aprender uma música sem a pauta na frente pode representar um problema sem saída. Acomodados à leitura, não desenvolveram o hábito da liberdade. Por outro lado, a leitura pode ser um mistério para quem toca de ouvido. Alguns nem acreditam que uma avalanche de notas, inspiradas de um momento, possa ser escrita no papel.
Dezesseis estudos *oferece uma experiência pouco conhecida entre nós, procurando beneficiar a ambos: a quem toca por ouvido e a quem o faz por leitura.*
Você vai encontrar, nesta coleção, composições curtas, de sabor popular, a maioria inspirada em folclore. Elas foram anotadas exatamente como tocadas no CD anexo. Esta apresentação audiovisual oferece o estudo e faz a demonstração de como a harmonia e o ritmo são incorporados na realização e interpretação pianística. A "levada" rítmica contagia a própria melodia, além, é claro, de formar a substância do acompanhamento. A intenção harmônica sugere a organização vertical das notas. As cifras* anotadas não só oferecem a opção da leitura por cifras, mas permitem a análise da realização das cifras respectivas. O resultado é o arranjo pianístico.
Os "leitores" poderão descobrir como reproduzir ritmos e harmonias no acompanhamento, e os "de ouvido" passarão a visualizar o som das passagens familiares.
Essas peças foram compostas de ouvido, sem instrumento e sem papel. Melodias tecidas ao longo das caminhadas pelos recantos campestres (alguns locais são indicados pelos títulos). A harmonização foi mera conseqüência das melodias. Em seguida, os dedos percorreram as teclas e apalparam os caminhos, revelando a execução. Uma sucessão de descobertas, detalhes e mais detalhes. O próximo passo seria um desafio: escrevê-las tal como executadas, em sua forma elaborada. Mas aprender a tocá-las pela leitura seria o mais difícil: uma atuação bem diferente de "tocar por ouvido", como tinha sido até então. Tanto assim que a minha limitação técnica me obrigou, de última hora, a convidar o pianista notável e meu amigo Itamar Assiére para interpretar as peças para a gravação do CD anexo. Ele as preparou inteiramente à mercê da leitura, embora inegavelmente sustentado pelo seu domínio técnico e sensibilidade musical. A notação lhe transmitira as composições em todos os detalhes, quase dispensando comentários verbais por ocasião das gravações, nas quais ele se saiu com o brilhantismo esperado.
E você, caro estudante de piano, por momentos, talvez se desanime com a complexidade visual de certos trechos anotados, mas ouça a simplicidade de seu som gravado, aprenda a tocá-los e faça-os soar simples. (Não são melodias feitas de notas inspiradas de um momento?) Pois a notação musical, embora seja linda, convenhamos, não representa a mesma paz e tranqüilidade do som equivalente. Pudera. Música, afinal, é arte auditiva.
...Toda essa história que acabo de contar pode parecer um exagero em detalhes, ou tempestade em copo d'água, perto da tranqüilidade e até certa rotina que a música representa no cotidiano de grande número de pessoas que a ela se dedica. Entretanto vejo, pelos meus contatos com músicos bem-sucedidos (aliás, em indivíduos criativos), que eles têm algo em comum: são "criadores de casos" da mais alta teimosia e absurdamente detalhistas, preocupadíssimos com a própria ideologia e expansão, e jamais com o "destino" da humanidade. Penso, pois, que fuçar detalhes nunca é demais: é viajar no **ínfimo** *ao invés do* **infinito***. O ínfimo, afinal, também transporta ao infinito quem embarcar na criação.*

---

* No meio das cifras você encontrará símbolos menos convencionais, embora não inéditos: **1** $\frac{F}{A}$ acorde sobre acorde, entretanto F/A acorde sobre baixo **2** Dm7(4ª) indicando quartas superpostas na montagem do acorde **3** Eb trit indicando acorde de duas notas (díade) separadas pelo intervalo de trítono (4ª aumentada ou 5ª diminuta), indicada uma das duas notas.

PARECER DO INTÉRPRETE

Como pianista, sempre senti a necessidade de ter à disposição métodos e partituras específicos para o piano popular. Nessa área, o pianista fica meio "abandonado", tendo invariavelmente que estudar o clássico – que é fundamental, pois foi lá que o piano se desenvolveu – para tocar o popular, que tem muito menos material escrito devido à própria espontaneidade e improvisação.

Portanto, quando Ian me convidou para gravar seus Estudos – que já conhecia de longa data –, aceitei na hora! Pelo prazer de gravar este trabalho, pela chance de "ser" a interpretação original da obra – ainda que muitos possam fazê-lo melhor – e pela honra de participar de um trabalho do qual eu e muitos colegas (e alunos) sentimos falta.

Espero que este trabalho anime a nós todos, músicos, professores, editores, a criar e publicar sempre trabalhos como este, para se registrar, cada vez mais, o piano popular, especialmente do Brasil.

Blues nordestino

Estudo nº 1

Ian Guest

Jazz waltz ♩ = 84

D
D7/F#
G
F6 9 (#11)
17
cresc
E7 4
E
A
♩ = 116 più mosso
21
f
mf
D7/A
B°(7M)/A
Bb°(7M)/A
B/A
25
G#°(7M)/A
A7
F#°(7M)
F°(7M)
E°(7M)/A
F/Eb
G/Eb
A/Eb
Bb/D7
29

33
A/C#7
G/C#7
A/F#
A/Gm/Bb
G/B7
F/B7
37
G/F
E/C
D/C
B/C
F/Eb/Bb
A
tempo primo
A7 4
dim
41
D
D7/F#
p
m.d.
Ao
E
43
D/C
B°
Gm6/Bb
D(add b9)
C°(7M)
pp
molto rall

É bom chegar a Mariana*

Estudo nº 2

Ian Guest

*dedicado a Gabriel Araújo Geszti

2.
Am/C D7 G7M G6 G74(9) G7(b9) Cm7
17
mf
F74 F7 F#m7(b5) B7 Eb74 Eb7 Am7 D7(b9)
21
G Fm6 Am6 G#m6/B
25
p
Cm6 Cm6/Eb C#m7(b5)
29
mf
Bm/D Gm6 F° F#/E Bm/D Bm
32
p

Fm6/Ab
C7/G
Ebm6/Gb
Bb7/F
mf
Cm6/Eb
Eb/Db
Ab/C
B7
Em
Em6
cresc
decresc
p
D.C.
E
S/ REP.
Am7
D7(b9)
Gm
Eb/G
mf
A/G
Ebm6/Gb
mf
dim
Bbm
Bbm/Ab
Eb7/G
Ab/Gb
Db/F
Db/Cb
p
cresc poco a poco

Bbm6 A7 D/C G7/B C/Bb F7/A
55
mf
Bb/Ab Db7/Ab Gb D7/F# Gm C7/E F/Eb Bb7/D
58
p
Eb/Db F#7/C# B G7/B Cm
62
p
D.C. E ✖ S/ REP.
✖
Am7 D7(b9) G
65
pp

Hungria-Minas*

Estudo nº 3

Ian Guest

*folclore húngaro em tempero mineiro

Eb7M(#11)
F7
17
mf
Ab7M
Abm(7M)
Eb7M
F
Abm6
C
a tempo
21
mf
dim
D.C.
E FIM
S/ REP.

A comédia do coração*

Estudo nº 4

Ian Guest e Robson Rodrigues

Adagio cantabile ♩ = 66

*dedicado a Silvia Aderne

12
Cm7 F74(9) F7(b9) D7/F# Gm Eb7/G Ab
p
cresc
15
E7/G# Am Dm/F C/E G7/D G7/C C
mf
f
18
Gm/Bb F/A C7/G F74(9) F7(b9 13) Bb Bb°
a tempo
dim
rall
p
mp
21
Bb74(9) Bb7(b9) Eb7M Cm6/Eb Dm7 Gm7
24
Cm7 F74(9) F7(b9) Bb F/A Gm Gm/F Em7 A7
mf

D D° D7/4(9) D7(b9) G7M Em6/G
F#m7 Bm7 Em7 A7/4(9) A7(b9) D D6/C# Bm7 E7
Em7 F#m7 G7M A7/4 D D° D7/4(9) D7(b9)
mf
G7M Em6/G F#m7 Bm7 Em7 A7/4(9) A7(b9)
F#7/A# Bm G7/B C G#7/B# C#m
m.d.
cresc

F#m/A E/G# B7/F# B7/E E Bm/D A/C#
m.e.
dim
E7/B A74(9) A7(b9 13) D D° D74(9) D7(b9)
a tempo
rall
G7M Em6/G F#m7 Bm7 Em7 A74(9) A7(b9)
D A/C# Bm Bm/A G#m7 C#7 F# F#°
F#74(9) F#7(b9) B7M(#5)
8va
pp

No rastro dos ruídos remotos das rodas da infância

Estudo nº 5

Ian Guest

Am6
Db/F
Cm/Eb
Db
Ab/C
mf
Cb
Bb74
Eb
Fb(#11)/Eb
Eb
A7(#11)
mp
Ab7M
Abm6
Eb(add9)/G
B7(b9)
Dm7(b5)
G7(b13)
Am7(b5)
D7(b9)
Gm7
Gbm6
Bb/F
A/F
f
Ab/F
G/F
Gb/F
F7(b9)
Db7(b9) E7(b9) G7(b9) Bb7(b9)
m.d.

31
Eb A7(#11) Ab7M Abm6 Eb(add9)/G B7(b9)
mf
34
Dm7(b5) G7(b13) D/A Eb/A D/A C#/A
f
cresc poco a poco
37
D/A Eb/A F/A D/A C#/A C/G Db/G
f
40
C/G B/G
8VA
C F Em Am
mf
42
D4 D3 G G7/B C F Em/G Am G/B D G4 G3

F/A G/B Em Cm6/Eb Dm E7 D/F# E/G# Am F C/E D7
45
decresc
C/G G7 C C/B Am B7 Em Cm6/Eb Dm E7 D/F# E/G#
48
Am F C/E D7 C/G G7
51
rall
Andante ♩ = 72
A D C#m F#m B4 B3 E E7/G#
53
mf
A D C#m/E C#/E# F#m E/G# A#°/B B7 E4 E3
55
cresc

F♯m E/G♯ A Am6/C Bm C♯ G♯7/D♯ C♯7/E♯
57
f
F♯m D A/C♯ B4 B3
1.
A/E E74 E7 A A/G♯
59
mf
2.
A/E D♯°/E E74 E7 D/A A
61
p
pp
rall

Ibitipoca

Estudo nº 6

Ian Guest

Allegro ♩ = 132

F#7(alt)
B7(alt)
Fm
Fm(b6)
mf
m.e.
Fm6
Fm7
Bb7
m.d.
molto allargando e cresc
m.e.
Db7
G7(b13)
E7(alt)
Majestoso ♩ = 84
F7
ff
Ab
Eb
Db
Cm7
Bbm7
Gm7(b5)
Bb/C
C
Dfrig
m.d.
mf
m.e.
cresc
Ffrig(6M)
Dbm69
ff

Fm7
Gm7
Abm7
Am7
Db°(7M)/C
31
rit.
tempo primo
dim
allarg
mf
C°(7M)
B°(7M)/C
Bb°(7M)/C
34
Db°(7M)
C°(7M)
B°(7M)
37
f
Bb°(7M)
F/A
C/G
F
C
40
lento
rit.
mf
f

Lavrando uma cantiga algo sinuosa*

Estudo nº 7

Ian Guest

*dedicado a Lucas Raposo

Cm7
F74
F7
Em7
A7(b9)
17
mf
cresc
Ebm7
Ab74
Ab7
Db7M(#5)
Gb7M(#5)
F#7
21
mf
dim
f
FIM
D.C.
E FIM

Lago Puelo

Estudo nº 8

Ian Guest

D69/F#
A74
G74
C
23
f
A/G
F#°
Bb7M/F
A7/E
27
f
cresc poco a poco
D
G4
C
F
E7
Eb7M(#11)
31
f
allarg
Dm
D7(b5)
C
Bb
G
F#m7
35
f
cresc
f
F
C7M/E
Eb
Bb
Fm7
Em7
Bb/Ab
Eb/Db
39
f
mf
D.C.
E FIM
S/ REP.

O gélido silêncio das águas negras, pedras-cristal, céu-anil
Estudo nº 9

Ian Guest

Eb74
Bb74
A74
Ab74
Db74
F7
B7
D7
G#7
rall
D.C.
E
S/ REP.
C7M
F7M
Bb(add9)
cresc molto
sfz

Orriveorriveorrível*

Estudo nº 10

Ian Guest

Adagio ♩=69
legato

*assim cantava, desapaixonado, um pássaro solitário em Itaipava

C7
Cm6
Bb7 4
poco cresc
A7
Ab7M
Eb(add9)/G
mf
D(add9)/F#
C(add9)/E
Bb/D
poco cresc
Gb/Db
Am7(b5)
mf
poco accelerando
Cm7(b5)
cresc

G
vigoroso 𝅗𝅥 = 76
Db/G
C/G
F/G
Am
G/B
C
A/C#
Dm
Dm/F
A(b5)
più mosso 𝅗𝅥 = 84
G/A
D/A
C#/A
A7
B/A
D/A
F/A
A
G/A
D/A
C#/A
B/A
D/A

F/A A D A/C#
mf
cresc
A#°/B B7 E4 E Am G/B
f
p subito
cedendo
dim
C A/C# Dm Dm/F A(b5)
f
Am Dm6/A C7/A G#/A A7
cedendo
dim
D7/A G/A F7/A A
rall
pp

Taquaril*

Estudo nº 11

Ian Guest

*com citação do folclore húngaro

Db/B Eb/B Ab/C Eb/Db D(b5)
lento
a tempo
mf
rall
adagio ♩ = 72
G7M Gm6 F7/G A/G D/F# Bm6
dolce
legato
A74 D G G7/B Cm6 G/F
m.d.
mf
C7/E Am6 G74 C
poco rall
D.C.
E

più mosso 𝅗𝅥 = 80
C Cm Gm/D E° F/Eb G/D
leggiero
mf
B° G#° Am Dm7 Gm/F E° C#°
mp
Dm F/A Fm/Ab Fm6/C C
rall
lento
p

As ladeiras de Ouro Preto

Estudo nº 12

Ian Guest

G(add9)
ritardando poco a poco
p
legato
♩. = ♩
♩ = 112
G(add9)
dolce
p
sempre legato
G7(b9)
G(add9)
C/Bb
F/Eb
mp
Dm7(4as)
Am7(4as)
Bb(add9)
mf
Bb7(b9)
Bb(add9)

Era só o que faltava*

Estudo nº 13

Ian Guest e Márvio Ciribelli

Choro ♩ = 80

*dedicado a João Geszti Monteiro

Em7(b5) A7 Bm7(b5) E7 Fm7 Bb7(#11) Eb/Db C°
mf
Db/Cb Bb° Ab7M D7(#9) Db7M G7(alt) Gb7M C7(#9)
f
Cb7M F7(alt) Db6 Db° G/D Eb/Db
cresc
Ab/C D/C G7/B Gb7/Bb F7/A
8va
f
decresc
rall
D.C.
E
S/ REP.

Bb
Eb F#°/Eb F°/Eb E°/Eb Eb° D°/Eb
Eb Ab7 Gm G° F#°/G G° Dm/A A7
mf
D7(b9)
Eb F#°/Eb F°/Eb E°/Eb Eb° D°/Eb
Eb Eb7 Ab/Eb Abm/Eb Eb Cb7/Eb Fb Bb7(b9)
mf
cresc

G(#5)/Db Ab(#5)/D A(#5)/Eb
8va
46
rall
f
Bb7M Eb7
Dm7(b5) G7(#9)
48
f
Cm7 F7
Bb7M(#5) Bb
Am7(b5) D7(b9)
F#° F°
51
mf
Eb6 E°
Bb/F F#° Gm
C7(#9) F7(b9)
Bb
55
rall
f

Tchuá-uí

Estudo nº 14

Ian Guest

Andante ♩. = 96

molto legato

Ebm6/Gb
F7
Bb7
C/E
Ebm6
D7(b5)
rall
a tempo
apassionato
G
Em/G
Am/G
D7/F#
G/F#
C/E
Am6/E
Bm/D
Em/D
A/C#
F#/C#
D/C
G69/B
Em7(4as)
F#m7(4as)
C/G
F/G
G
episodio
Em
D7/E
Em
F7/E
Em
A/E
Em
G/F
F
G/F
Ab/F
G/F

A/F
G/F
Bm/F#
A7/F#
Bm/F#
C7/F#
Bm/F#
Em/F#
Bm/F#
G/D
C/D
mf
G/D
F/D
E/D
A/D
G
Em/G
Am/G
D7/F#
G/F#
C/E
Am6/E
Bm/D
Em/D
A/C#
F#/C#
D/C
mf apassionato
C/G
F/G

Eb D Fm Gm Db(#5) C Gm C7/C# Eb D Cm
grave F#7 F7 E7 G/D C7
Gm F Cm Bb A Gm Gm D#7/E D7/Eb
G/B A7 G G/F
cresc allarg
a tempo G Em/G Am/G D7/F# G/F# C/E Am6/E Bm/D Em/D A/C# F#/C# D/C
recordando
G6/9/B Em7(4as) F#m7(4as) C/G F/G G
Ao E
D7(b5)
rall

Chapada de Mato Grosso*

Estudo nº 15

Ian Guest

*homenagem a Béla Bartók

A/G
B/D#
D/A
A7(#9)
A7(b9 13)
A°
Bb°
B°
C7(#9)
ff
C7(b9 13)
B7(#5 #9)
sfz
mf
cresc
F7
D7
allarg
cresc
Ab7

Adagio ♩=72
Gm6 9
C7M/G
Bb7M/C
E7/C
F/C
G/D
legatissimo
A/E
E/B
D/A
G#m
F#m
ten
poco rubato
espressivo
F/B B
Em7(9)
A7M
D7M
G7M
G7
rit.
cresc
C7M
A7
tempo 1º
Ao
E
E
rall

Caraça

Estudo nº 16

Ian Guest

allegretto ♩. = 112

C/Bb
A7/Bb
Bb(add9)
Bb/Ab
mf
m.d.
G7 4
G7 4(b9)
C/Bb
A7/Bb
f
Bb(add9)
Bb/Ab
meno ♩. = 76
A
A°
mf
A7 4(9)
A7(b9)
D6/A
G#°/A
A
E6/G#
F#m7
A/E
cresc poco a poco

D7M
E/D
C#m7
F#m7
mf
B74
C7/B
B74
C74
cresc poco a poco
B74
E74
C#7(alt)
f
p
D7M
Em7
G7(13)
F#7(alt)
Bm7
C7M
D7M
Em7
a tempo
mf
D.C.
E
A
p

AGRADECIMENTOS

Júlio César, Marcos Vicente, Itamar Assiére, Egberto Gismonti, Almir Chediak – obrigado a vocês pelo apoio.

Outras publicações da Lumiar Editora

- **Harmonia & Improvisação**
Em dois volumes
Autor: *Almir Chediak*
(Primeiro livro editado no Brasil sobre técnica de improvisação e harmonia funcional aplicada em mais de 140 músicas populares)

- **Songbook Caetano Veloso**
Em dois volumes
Produzido e editado por *Almir Chediak*
(135 canções de Caetano Veloso com melodias, letras e harmonias revistas pelo compositor)

- **Songbook Bossa Nova**
Em cinco volumes (Português/Inglês)
Produzido e editado por *Almir Chediak*
(Mais de 300 canções da Bossa Nova com melodias, letras e harmonias na sua maioria revistas pelos compositores)

- **Escola moderna do cavaquinho**
Autor: *Henrique Cazes*
(Primeiro método de cavaquinho solo e acompanhamento editado no Brasil nas afinações ré-sol-si-ré e ré-sol-si-mi)

- **Songbook Tom Jobim**
Em três volumes (Português/Inglês)
Produzido e editado por *Almir Chediak*
(Mais de 100 canções de Tom Jobim com melodias, letras e harmonias revistas pelo compositor)

- **Songbook Rita Lee**
Em dois volumes
Produzido e editado por *Almir Chediak*
(Mais de 60 canções de Rita Lee com melodias, letras e harmonias revistas pela compositora)

- **Songbook Cazuza**
Em dois volumes
Produzido e editado por *Almir Chediak*
(64 músicas de Cazuza e parceiros com melodias, letras e harmonias)

- **O livro do músico**
Autor: *Antonio Adolfo*
(Harmonia e improvisação para piano, teclado e outros instrumentos)

- **A arte da improvisação**
Autor: *Nelson Faria*
(O primeiro livro editado no Brasil de estudos fraseológicos aplicados na improvisação para todos os instrumentos)

- **Songbook Noel Rosa**
Em três volumes
Produzido e editado por *Almir Chediak*
(Mais de 100 canções de Noel Rosa e parceiros com melodias, letras e harmonias)

- **Songbook Gilberto Gil**
Em dois volumes
Produzido e editado por *Almir Chediak*
(130 músicas de Gilberto Gil com melodias, letras e harmonias revistas pelo compositor)

- **Segredos do violão**
(Português/Inglês/Francês)
Autor: *Turíbio Santos*
Ilustração em quadrinhos: *Cláudio Lobato*
(Um manual abrangente, que serve tanto ao músico iniciante quanto ao profissional)

- **No tempo de Ari Barroso**
Autor: *Sérgio Cabral*
(Sobre a vida e a obra do compositor, músico e radialista Ari Barroso)

- **Método Prince • Leitura e Percepção — Ritmo**
Em três volumes (Português/Inglês)
Autor: *Adamo Prince*
(Considerado por professores e instrumentistas como o que há de mais completo, moderno e objetivo para o estudo do ritmo)

- **Songbook Vinicius de Moraes**
Em três volumes (Português/Inglês)
Produzido e editado por *Almir Chediak*
(Mais de 150 canções de Vinicius de Moraes e parceiros com melodias, letras e harmonias)

- **Songbook Carlos Lyra**
Em um volume (Português/Inglês)
Produzido e editado por *Almir Chediak*
(Mais de 50 canções de Carlos Lyra e parceiros com melodias, letras e harmonias revistas pelo compositor)

- **Songbook Dorival Caymmi**
Em dois volumes
Produzido e editado por *Almir Chediak*
(Mais de 90 canções de Dorival Caymmi e parceiros com melodias, letras e harmonias revistas pelo compositor)

- **Songbook Edu Lobo**
Em um volume
Produzido e editado por *Almir Chediak*
(Mais de 50 canções com partituras manuscritas, revisadas e harmonizadas pelo compositor)

- **Elisete Cardoso, Uma Vida**
Autor: *Sérgio Cabral*
(Sobre a vida da primeira dama da música popular brasileira)

- **Iniciação ao Piano e Teclado**
Autor: *Antonio Adolfo*
(Iniciação para crianças na faixa etária de 05 a 08 anos)

- **Piano e Teclado**
Autor: *Antonio Adolfo*
(Para níveis iniciantes e intermediários)

- **Harmonia e Estilo para Teclado**
Autor: *Antonio Adolfo*
(Para níveis mais adiantados)

- **Songbook Ary Barroso**
Em dois volumes
Produzido e editado por *Almir Chediak*
(96 canções de Ary Barroso e parceiros com melodias, letras e harmonias)

Outras publicações da Lumiar Editora

- **As Escolas de Samba do Rio de Janeiro**
Autor: *Sérgio Cabral*
(Origens e desenvolvimento das escolas de samba do Rio de Janeiro. Documentado com fotos, entrevistas e todos os resultados dos desfiles desde 1932)

- **Arranjo — Método Prático**
Em três volumes
Autor: *Ian Guest*
(Literatura didática sobre como escrever para as variadas formações instrumentais, incluindo 117 exemplos gravados em CD anexo ao primeiro volume)

- **Pixinguinha, Vida e Obra**
Autor: *Sérgio Cabral*
(Sobre a vida e a obra do compositor e músico Pixinguinha)

- **Songbook Djavan**
Em dois volumes (Português/Inglês)
Produzido e editado por *Almir Chediak*
(Mais de 90 canções de Djavan e parceiros com melodias, letras e harmonias revistas pelo compositor)

- **Arranjo — Um enfoque atual**
Autor: *Antonio Adolfo*
(Livro didático visando o preparo do aluno para uma realidade do mercado profissional brasileiro)

- **Composição (Uma discussão sobre o processo criativo brasileiro)**
Autor: *Antonio Adolfo*
(Um autêntico guia no estudo sobre o tema Composição em Música Popular)

- **Antonio Carlos Jobim — Uma biografia**
Autor: *Sérgio Cabral*
(Sobre a vida e a obra daquele que mudou o rumo da música popular brasileira)

- **Prática de bateria**
Autor: *Zequinha Galvão*
(Dividido em três módulos, tem como principal objetivo incentivar a prática direta no instrumento)

- **260 dicas para o cantor popular profissional e amador**
Autor: *Clara Sandroni*
(Um trabalho direcionado aos que se dedicam ao canto de uma maneira geral)

- **Songbook Marcos Valle**
Em um volume (Português/Inglês)
Produzido e editado por *Almir Chediak*
(São 50 canções de Marcos Valle e parceiros com melodias, letras e harmonias revistas pelo compositor)

- **Acordes, Arpejos e Escalas para Violão e Guitarra**
Autor: *Nelson Faria*
(Atendendo às necessidades do estudante e do profissional, este livro mostra de forma clara e objetiva o interrelacionamento entre, acordes, arpejos e escalas. Um marco no ensino do violão e da guitarra)

- **Vocabulário do Choro**
Autor: *Mário Sève*
Em um volume (Português/Inglês)
(Um dos mais completos trabalhos já realizados sobre o frazeado do choro, incluindo cerca de 150 estudos melódicos)

- **Songbook João Donato**
Em um volume (Português/Inglês)
Produzido e editado por *Almir Chediak*
(São 52 canções de João Donato e parceiros com melodias, letras e harmonias revisadas pelo compositor)

- **Songbook Chico Buarque**
Em quatro volumes (Português/Inglês)
Produzido e editado por *Almir Chediak*
(São 222 canções de Chico Buarque e parceiros com melodias, letras e harmonias revisadas pelo compositor)

- **IPC — Independência Polirrítmica Coordenada para Bateria e Percussão**
Autor: *Cássio Cunha*
(Exercícios para desenvolvimento da independência polirrítmica coordenada, associada à leitura rítmica, e sua aplicação nos principais ritmos brasileiros)

- **Pisa na fulô mas não maltrata o carcará — vida e obra do compositor João do Vale, o poeta do povo**
Autor: *Márcio Paschoal*
(Vida e obra do compositor João do Vale, com mais de 40 fotos, musicografia e discografia)

- **Bass Solo**
Autor: *Nico Assumpção*
(Livro didático que muda o conceito tradicional do contrabaixo de ser um instrumento de acompanhamento, ampliando suas possibilidades e sonoridades, trazendo-o para a linha de frente dos solistas)

- **Dicionário de Acordes com cordas soltas**
Em três volumes
Autores: *Jefferson Moreira*
(Pesquisa minuciosa de mais e três mil acordes com cordas soltas, que gera um belo efeito muito utilizado por violonistas brasileiros)

- **Toque Junto: Guitarra, Baixo e Bateria**
Em três volumes
Autores: *João Castilho, André Rodrigues e Renato Massa*
(Cada livro traz um CD com sete músicas inéditas em duas versões: uma completa e outra sem o instrumento ao qual o livro está relacionado)

- **Nara Leão, Uma biografia**
Autor: *Sérgio Cabral*
(Sobre a vida e a carreira da musa da Bossa Nova)

- **Método de canto popular brasileiro**
Autor: *Marcos leite*
(Apresentado em dois volumes, um para vozes médio-graves e outro para vozes médio-agudas, o livro traz uma coletânea de vocalises e canções progressivas por intervalos, e preenche um espaço cada vez mais necessário: o da metodização da música brasileira)

Outras publicações da Lumiar Editora

- **Songbook Francis Hime**
Em um volume (Português/Inglês)
Produzido e editado por *Almir Chediak*
(Além da tradicional apresentação das músicas do projeto *Songbook* em melodia, cifra, letra e acordes para violão e guitarra, Francis escreveu, especialmente para piano solo, as 30 canções escolhidas para o livro)

- **A arte de ouvir — percepção rítmica**
Autor: *Adamo prince*
Em dois volumes (Português/Inglês)
(Apresenta um material fonográfico elaborado para a evolução passo a passo da percepção, acompanhado por uma cartilha com todas as explicações didáticas necessárias para um bom desenvolvimento do estudo rítmico)

- **Songbook Braguinha**
Em um volume (Português/Inglês)
Produzido e editado por *Almir Chediak*
(São 60 canções de João de Barro e parceiros com melodias, letras e harmonias)

- **Música: Leitura, Conceitos, Exercícios**
Autor: *Antonio Adolfo*
(Livro didático que abrange desde o básico do ensino da música até adiantados ensinamentos de leitura e conceitos)

- **Samba Brasil Word Music**
Autor: *Mike Ryan*
(Apresenta o estudo do método SALF, que quer dizer samba influenciando afro, latino e funk. Auxilia no estudo de composição e no ensino da música em geral. Indicado para iniciantes e profissionais. Acompanha 01 CD.)

- **Música Brasileira para Contrabaixo (Volume 2)**
Autor: *Adriano Giffoni*
(Livro didático que apresenta importantes exemplos escritos e gravados dos principais titmos brasileiros. Para estudantes e profissionais do contrabaixo. Acompanha um CD.)

- **O Violão de 7 Cordas**
Autor: *Luiz Otávio Braga*
(Livro didático com o primeiro método de ensino para este instrumento. É aplicável também ao violão de seis cordas, acordeon, piano e outros instrumentos de harmonia.)

- **Bateria e Contrabaixo na Música Popular Brasileira**
Autor: *Gilberto de Syllos e Ramon Montanhaur*
(Apresenta os principais ritmos e gêneros musicais populares do Brasil, indicando os melhores caminhos para execuá-los no contrabaixo e na bateria. Acompanha um CD.)

- **Songbook João Bosco**
Em três volumes (Português/Inglês)
Produzido e editado por *Almir Chediak*
(São 131 canções de João Bosco e parceiros com melodias, letras e harmonias revisadas pelo compositor)

- **Batuque é um privilégio**
Autor: *Oscar Bolão*
(Mostra de forma clara e objetiva os fundamentos para execução correta dos rítmos de diversos instrumentos de percussão. Indicado para músicos, compositores e arranjadores. Acompanha um CD.)

Impresso nas oficinas gráficas da
Editora Vozes, Ltda.,
Rua Frei Luís, 100 — Petrópolis, RJ,
com filmes e papel fornecidos pelo editor.